P. Antonio Sagardoy OCD

Wenn du beten willst

Gebetsschule nach Teresa von Avila

Band 1

Verlag Christliche Innerlichkeit
Wien

Meiner Mutter gewidmet,
die mich gelehrt hat, Gott vertrauensvoll zu begegnen

Die Deutsche Bibliothek – CIP-Einheitsaufnahme

Sagardoy, Antonio:

Wenn du beten willst, Gebetsschule nach Teresa von Avila / Antonio Sagardoy. - 1. Aufl. - Wien: Verl. Christliche Innerlichkeit, 2004
ISBN 3-901797-16-5

1. Auflage März 2004
Verlag: Christliche Innerlichkeit
1190 Wien, Silbergasse 35
Hersteller: The Best, Grafik & Design, 4600 Wels, Einsteinstraße 28

ISBN 3-901797-16-5

Überblick

Vorwort

Darf ich mit einer Frage beginnen: Wer ist ein großer bzw. wer ist kein großer Beter? Die Schriften der hl. Teresa von Avila bezeugen an mehreren Stellen, dass die Beantwortung dieser Frage mehr voraussetzt als die Minuten zu zählen, die jemand in der Kirche verbringt:

Beten ist mehr als Gebetsübungen zu verrichten.

Beten ist mehr als eine Zeit der Stille zu verbringen.

Beten ist ein Prozess, der das Leben des Menschen in seiner Beziehung zu Gott, zu den Mitmenschen und zu den Alltagsaufgaben verwandelt.

Auf den folgenden Seiten wollen wir manche Momente unterstreichen, die im Kontext einer lebendigen Beziehung zu Gott von Bedeutung sind. Es handelt sich dabei nicht um theoretische Überlegungen, sondern um Erfahrungen, die Teresa, die große Mystikerin, gemacht hat und die sie uns in ihren Schriften als Ansporn und Ermutigung mitteilt.

Das Lesen und Überdenken ihrer Aussagen führt uns die enge Vernetzung zwischen Gebet und Schritten im Alltag vor Augen. Wie wir konkret leben, wirkt sich in unserer Beziehung zu Gott aus – und die hat ihrerseits Auswirkungen auf unsere Gestaltung des Lebens.

In diesem Zusammenhang ist der Aufbau des Buches *Weg der Vollkommenheit* sehr hilfreich. Teresa will ein Buch über das Gebet verfassen, doch in den ersten 21 Kapiteln beschreibt sie das Umfeld des Lebens als Basis für die Begegnung mit Gott.

Die Gebetslehre der Heiligen ist umfangreich und wertvoll, sie bietet uns die Basis für eine Gebetsschule.

Der Titel *Wenn du beten willst* möchte die Bereitschaft zum Ausdruck bringen, sich auf den Weg mit dem Herrn einzulassen, im Bewusstsein, dass dieses Wollen wachsen und wesentlicher werden kann. Der gute Wille ist ein wichtiger Faktor im Leben, doch er allein ist in der Religiosität nicht immer ausreichend und kann zu Täuschungen oder Verkürzungen führen.

Wenn Gebet Ausdruck der Beziehung zu Gott sein will, dürfen wir die konkrete Person, die den Kontakt mit Gott pflegt, nicht übersehen.

Auf den folgenden Seiten wollen wir nicht die Erfahrungen der großen Mystikerin kopieren, sondern daraus lernen und eine Stütze darin finden für unseren persönlichen Weg mit dem Herrn.

P. Antonio Sagardoy

Abkürzungen:

V = Autobiographie
C = Weg der Vollkommenheit
M = Seelenburg
F = Klostergründungen

1. Kapitel

Worauf es ankommt

Gebet ist die Erfahrung Gottes, die uns dazu führt, immer enger, tiefer um Gott zu kreisen; Gebet ist nicht bloß eine Sache der Zeit oder der Konzentration, sondern vor allem der Liebe.

Das Entscheidende sind nicht die Zeiten für die Begegnung mit Gott, sondern die Begegnung mit Gott; wahre Begegnung wird aber normalerweise nicht improvisiert, Leben und Zeiten der Begegnung sollen einander ergänzen.

Aus der Suche nach dem Willen Gottes wächst die Bereitschaft, keinen Schritt zu unterlassen (aus Bequemlichkeit oder Egoismus ...), von dem wir wissen, dass er *der größeren Ehre Gottes dient.*

Nicht uns, sondern Ihn suchen wir!

1.1 Der Wille Gottes

Wie ein roter Faden zieht sich durch alle Erklärungen Teresas über das Gebet die Suche nach dem Willen Gottes. Im Vordergrund steht nicht so sehr eine fehlerlose Verrichtung der Gebetsübung, bei der Zeremonien, Worte und Gebärden ordnungsgemäß geschehen, sondern die Bereitschaft, den Willen Gottes zu erfüllen. Darum ist es notwendig:

ihn zu erkennen,
zu bejahen,
sich ihm zur Verfügung zu stellen.

Wer sich dem Gebet zu widmen beginnt, der muss allein danach streben, sich mit allem Fleiß und Eifer, mit aller Entschlossenheit, deren er fähig ist, darauf einzustellen, dass sein eigener Wille mit dem Willen Gottes übereinstimme (2 M).

Wenn wir von Übereinstimmung lesen, denken wir an eine wachsende Identifikation, entsprechend meinem Können. Darauf kommt es an. Begegnung mit Gott im Gebet als Ausdruck einer persönlichen Beziehung öffnet uns immer mehr für den, dem wir begegnen, und macht uns resonant für Ihn und Seine Wünsche.

In der Entwicklung der Resonanzfähigkeit sehen wir ein Zeichen für ein authentisches Gebetsleben.

Wer kennt nicht Menschen, die lieber viel Zeit in der Kirche verbringen als gewisse Aufgaben oder Dienste zu übernehmen? Manche meinen, diese Zeiten seien wertvoller als andere Zeiten. ... *O Herr, wie sehr unterscheiden sich doch Eure Wege von unseren schwerfälligen Vorstellungen! Von einer Seele, die bereits entschlossen ist, Euch zu lieben, und sich Eurer Hand überlassen hat, wollt Ihr ja nichts anderes, als dass sie gehorcht, sich gut informiert, was Euch am meisten dient, und das auch anstrebt!* (F 5,6)

Teresa warnt vor einem Problem, das die Ursache für die innere Unzufriedenheit religiöser Menschen sein kann: *Wenn dies also die Wahrheit ist, woher rührt dann der Verdruss, den die meisten Menschen darüber empfinden, dass sie nicht einen großen Teil des Tages allein und in Gott versunken sind – selbst wenn sie sich mit diesen anderen Dingen beschäftigen? Meiner Meinung nach gibt es dafür zwei Gründe: Der erste und wichtigste ist eine sehr feine Eigenliebe, die sich hier einmischt und uns nicht erkennen lässt, dass wir eher uns selbst zufrieden stellen wollen als Gott* (F 5,4).

Teresa bekämpft diese Versuchung der Eigenliebe mit der Aufforderung, den Herrn wahrhaftig zu lieben. Wer wirklich liebt, wird sich keine Ruhe gönnen, denn totale Hingabe ist selbstlos; wenn er das nicht im Gebet zeigen kann, dann eben mit Werken. Er sucht ja nur den Willen Gottes zu erfüllen – und zwar auf seinem Platz und in seinen konkreten Lebensbedingungen.

Für die Mystikerin ist nicht die Zeit des Gebetes das Ziel, sondern das Leben aus der Verbindung mit Gott, in den Zeiten und außerhalb der Zeiten des Gebetes.

Wir suchen heilig zu leben. Worin besteht die wahre

Heiligkeit? *Die größte Vollkommenheit besteht weder in inneren Gnaden noch in großen Ekstasen, weder in Visionen noch im Geist der Weissagung, sondern in einer solchen Übereinstimmung unseres Willens mit dem Willen Gottes, dass es für uns nichts gibt, was Er will, das wir nicht auch mit unserem ganzen Willen wünschen* (F 5,10).

1.2 Bei Ihm sein

Wenn Gebet eine freundschaftliche Beziehung ist, dann ist doch das Wichtigste, bei dem zu sein, den man liebt ... – wenn das nicht auf die eine Weise möglich ist, dann auf eine andere und wenn es zu einer bestimmten Zeit nicht geht, dann eben zu einer anderen.

Wir denken viel zu sehr an Übungen und Methoden, dabei übersehen aber manche, dass sie nur eines wollen, beim Herrn zu sein.

Manche Menschen kommen mit dem Mechanismus der Meditation nicht zurecht, da *ihre Gedanken ungezügelten Pferden gleichen, die niemand zum Stehen bringen kann* (C 19,2).

Teresa ist sich der inneren Enttäuschung dieser Menschen trotz Bemühung bewusst und so empfiehlt sie ihnen eine Übung. Übung verlangt aber Geduld und Ausdauer, denn es kann sein, dass sie uns längere Zeit nicht gelingt. *Stell dir vor, dass der Herr bei dir ist, und betrachte, mit welcher Liebe und Demut Er dich unterweist. Glaube mir, du solltest dein Möglichstes tun, um nie von der Seite eines so guten Freundes zu weichen* (C 26,1).

Wir wollen uns bemühen, bei unserem Meister zu bleiben, ohne müde zu werden, in der Hoffnung, dass unsere Gegenwart Ihm Freude bereitet. Ja, in einer gesunden Beziehung geht es nicht primär um mich, sondern um Ihn, mit dem ich in Beziehung stehe.

Berücksichtigen wollen wir auch einen weiteren Aspekt, der den Dualismus betrifft, den wir zwischen Gebet und Taten aufgebaut haben: *Wenn nun alles: Beschauung, inneres oder mündliches Gebet, die Pflege der Kranken, die häuslichen Dienste und die niedrigste Arbeit – wenn das alles nichts anderes als Dienst am göttlichen Gast ist, der bei uns verweilen, mit uns essen oder sich bei uns erholen will, was bekümmert es uns da, ob wir Ihm in der einen oder der anderen Weise dienen?* (C 17,6)

Selbstlose Motive werden von uns erwartet, sodass wir immer fragen, wie wir dem Herrn dienen können und was für uns in der konkreten Situation Dienst an Gott bedeutet. Darauf wollen wir uns einlassen.

1.3 Gebet und Alltag

Wer betet, gestaltet seine Schritte im Leben entsprechend der Begegnung mit Gott, wenigstens versucht er es, wenn sein Gebet glaubwürdig sein will. Für uns Christen ist es wichtig, der Beziehung zu Gott genug Raum zu geben.

Wenn für uns das Leben aus dem Kontakt mit Gott das Wichtigste ist, dann stehen Fasten, Schweigen, Selbstbeherrschung im Dienste des Gebetes und haben einen Sinn, insofern sie uns frei machen für die Beziehung zu Gott.

Jeder Weg besteht aus vielen Schritten in eine bestimmte Richtung, so wird von Anfang an im Betenden die Bemühung um Übereinstimmung zwischen Zeiten des Gebetes und Alltagsgestaltung sichtbar.

Christliches Leben, das in den unterschiedlichen Situationen des Alltags bestehen soll, braucht ein solides Fundament: *Ich sage es nochmals: Allein mit Gebet und Beschauung könnt ihr euer Fundament nicht legen. Wenn ihr nicht nach Tugenden trachtet und euch nicht tätig darin übt, werdet ihr immer Zwerge bleiben. Ja, Gott gebe, dass dann das Wachsen nimmer stockt; denn ihr wisst doch: Wer nicht wächst, schrumpft ein* (7 M 4).

Unsere Beziehung zu Gott besteht nicht bloß aus einzelnen Übungen, die wir an bestimmten Wochentagen oder zu festgelegten Tageszeiten absolvieren, um in der Zwischenzeit „normal“ zu leben, sondern vielmehr in einer Haltung, die sich in der Gestaltung des Lebens zeigt.

Aus dieser Haltung entsteht eine Wertordnung, in der das Gebet eine Vorrangstellung hat. Daraus wächst eine Kraft, die uns fähig macht, bescheiden und konsequent zu leben. *Denn ihr wisst ja, dass das Gebet, soll es ein echtes sein, diese Stütze braucht, da weichliches Leben und Gebet sich nicht miteinander vertragen* (C 4,2).

Wir wissen, dass das Leben aus dem Kontakt zu Gott nicht immer parallel verläuft zu manchen Werten der Gesellschaft. Wer sich auf Gott einlässt, erlebt eine Verschiebung der Werte. Dem Menschen wird mit der Zeit bewusst, dass Irdisches keine Erfüllung bringen kann, sodass er Schritt für Schritt von jeder Abhängigkeit frei wird.

Eines Tages sucht er nicht mehr Ehre und Ansehen, Applaus oder Anerkennung von den Menschen, da er die Relativität dieser Werte erfahren hat. *Wenn ihr noch in irgendeiner Weise an Ehre oder Besitz hängt, werdet ihr nie weit vorankommen und nie in den Genuss der echten*

Früchte des Gebetes gelangen, würdet ihr auch viele Jahre innerlich beten – oder besser gesagt Betrachtungen halten (C 12,5).

Aus der lebendigen Beziehung, die wir persönlich mit Gott pflegen, aus diesem liebevollen Kontakt werden wir fähig werden, uns selbst zu vergessen oder positiv formuliert: Gott in den Mittelpunkt zu stellen. In diesem Zusammenhang schreibt Teresa:

Wenn aber die Liebe vollkommen ist, besitzt sie diese Kraft: dass wir auf uns selbst vergessen, um den zufrieden zu stellen, den wir lieben. Es ist wahrlich so, dass uns die Schwierigkeiten, wie groß sie auch sein mögen, süß erscheinen, wenn wir einsehen, dass wir damit Gott zufrieden stellen (F 5,10).

Teresa ist davon überzeugt: Dies ist möglich aus der Kraft der Liebe; wir vergessen unsere Freude, um dem Freude zu bereiten, den wir lieben.

Und sie ergänzt den Gedanken mit den Worten: *Wer liebt, liebt überall, er denkt immer und überall an den Geliebten ...* – mit dieser Aussage unterstreicht sie, dass das Gebet nicht so sehr eine Sache der Zeit, sondern der Liebe ist;

nicht bloß mehr oder weniger Zeit,
sondern tiefere oder weniger tiefe Liebe.

2. Kapitel

Das Gebet

Beim Gebet handelt es sich nicht so sehr um eine Pflicht, sondern um eine *große Würde*. Wenn wir uns dessen bewusst werden, sehen wir das Gebet mit anderen Augen:
Ich bin fähig, Gott zu begegnen,
ich bin berufen, mit Gott in Kontakt zu treten,
ich kann Gottes Nähe erfahren.

Diese Fähigkeit kann ich zur Entfaltung bringen oder sie vernachlässigen und verkümmern lassen; mein Denken und Tun, mein Interesse und meine Mitarbeit sind gefragt.

Wenn wir über Gebet sprechen, beschäftigen wir uns hauptsächlich mit den Übungen und ihrer ordentlichen Verrichtung, während Teresa von Avila ihre Aufmerksamkeit eher auf das Gebetsleben und all die Bereiche richtet, die uns die Beziehung zu Gott ermöglichen.

Den Fortschritt im Gebet sehen wir in der besseren Ausführung, die Heilige dagegen in der besseren Lebensführung, sodass es vorkommen kann, dass manche Menschen sehr fortgeschritten im Dienst Gottes leben, obwohl die Übungen, die ihre Gebetszeit ausfüllen, nicht einer kontemplativen Ebene entstammen.

2.1 Wert des Gebetes

Wir wollen das Gebet nicht als etwas betrachten, das man hat oder nicht hat, sondern eher als einen Weg, auf dem wir Schritte machen, stehen bleiben, im Kreis laufen, stolpern, aufgeben, neu beginnen, uns führen lassen ...

Das Gebet ist ein Gut, etwas Wertvolles, Erstrebenswertes. Es ist wichtig, dass Menschen den großen Wert des Gebetes entdecken und bereit sind, die Schritte zu machen, die notwendig sind, um dieses Gut zu erreichen.

Bei der Beschreibung des Weges vergisst die Heilige nicht, deutlich zu unterstreichen, dass die Anstrengungen vor allem am Beginn des Weges groß sind, mit der Zeit aber erleichtert das Mitwirken Gottes unsere Schritte sehr.

Unterwegs können Hindernisse auftreten, die von uns manches verlangen oder uns mit Schwierigkeiten konfrontieren: *... Jetzt werde ich von den Erstlingsanstrengungen derer sprechen, die entschlossen sind, das erwähnte Gut anzustreben und nicht nachzulassen, bis sie dieses Ziel erreicht haben* (V 11,5).

Mit einem weiteren Vergleich *unterwegs zur Quelle* wird die Haltung unterstrichen, die von uns vor allem zu Beginn erwartet wird: *Wir alle sind zu dieser Quelle unterwegs, wenn auch auf verschiedene Weise. Glaubt mir also und lasst euch von niemandem irreführen, der euch einen anderen Weg als den des Gebetes zeigt!* (C 21,6) Das Gebet ist ein Weg zur Quelle, egal welche Akzente wir dabei setzen, die aufgrund unserer persönlichen religiösen Situation und Veranlagung verschieden sein werden.

Der Weg zur Quelle ist ein Weg gegen den Strom; viele werden unsere Haltung nicht verstehen, uns vielleicht belächeln oder nicht ernst nehmen. Wer die Quelle erreichen will, darf sich von Schwierigkeiten nicht ablenken lassen.

Gegen den Strom zu schwimmen ist nirgends leicht, weder in der Gesellschaft noch in der eigenen Familie noch in religiösen Kreisen. Wer gegen den Strom schwimmt und etwas Wesentliches sucht, kann mit seinem Verhalten ein Anstoß für die Umgebung sein. Er fällt auf und die Reaktionen der Menschen werden sehr unterschiedlich sein.

Im Zusammenhang mit der Anstrengung, die wir auf uns nehmen, setzt Teresa voraus, dass der Mensch, der sich zu diesem Weg mit Gott entschließt, diese Bemühung aus Liebe und in Selbstlosigkeit verrichtet.

Eine weitere, interessante Überlegung darf nicht übersehen werden: Auf diesem Weg des Gebetes sehen wir, dass zu Beginn die Arbeit des Menschen größer ist und die Früchte geringer, später aber ist es umgekehrt: die Arbeit geringer, die Früchte zahlreicher.

Wie ist das möglich?

Zu Beginn arbeitet und bemüht sich der Mensch, mit der Zeit aber übernimmt Gott die Initiative. Dies hat Folgen: Die Anstrengung des Menschen nimmt ab, dafür nehmen die Früchte zu. Auf dem Weg des Gebetes sind Gott und der Mensch wichtig, doch mit der Zeit wird sich die Rolle von beiden Protagonisten ändern.

2.2 Grundsteine

Wer ein Haus bauen will, muss darauf achten, ein adäquates Fundament zu setzen, sonst wird das Gebäude eines Tages zusammenfallen. Je höher und mächtiger das Haus wird, desto tragfähiger muss das Fundament sein.

Groß ist die Bedeutung des Gebetes in den Augen der Mystikerin, wenn wir die Bereiche beachten, auf die sie uns aufmerksam macht. Mehrere Schritte bilden die Basis für das Gebet als persönliche Beziehung zu Gott:

- Demut:

An verschiedenen Stellen betont Teresa die Bedeutung der Demut als Basis einer gesunden Beziehung zu Gott. Voraussetzen möchte ich, dass Demut in den Augen Teresas mit Wahrhaftigkeit zu tun hat.

Die Wahrhaftigkeit hängt mit der Selbsterkenntnis zusammen, die uns hilft, uns zu entdecken und zu bejahen, so wie wir vor Gott sind.

Da es nicht leicht ist, sich selbst ganz gut zu kennen, wird uns hier empfohlen, die Selbsterkenntnis immer wieder zu üben: *Achtet darauf, euer Gebet immer mit der Selbsterkenntnis zu beginnen und zu beenden, so hoch die Beschauung auch sein mag* (C 39,7).

Menschen, die eher zu Skrupeln neigen, wird nahe gelegt, mit der Gewissenserforschung nicht zu übertreiben, da in solchen Fällen Klarheit zu Dunkelheit führen kann.

Was ich verstanden habe, ist, dass das ganze Fundament für das Gebet auf Demut gründet und dass Gott eine Seele umso höher hinaufführt, je mehr sie sich beim Beten erniedrigt (V 22,11). Wahrhaftig ist der Mensch, der mit beiden Füßen auf der Erde steht und von dieser Warte aus sich selbst, die Mitmenschen und Gott bejaht.

Die Selbsterkenntnis ist eine wichtige Aufgabe, doch jeder weiß, wie schwer es ist, sich selbst richtig zu sehen. Wir neigen dazu, gewisse Aspekte gutzuheißen, andere einseitig zu betrachten oder um uns selbst zu kreisen.

In der *Seelenburg* betont die Heilige, wie hilfreich die Gotteserkenntnis ist, um uns richtig zu sehen. *Nach meiner Ansicht werden wir mit unserer Selbsterkenntnis nie zu Ende kommen, wenn wir nicht danach trachten, Gott zu erkennen. Im Anblick Seiner Größe entdecken wir unsere Niedrigkeit und angesichts Seiner Reinheit sehen wir unseren Schmutz ... Das bringt uns zweierlei Gewinn. Der erste: dass etwas Weißes neben dem Schwarzen offensichtlich sehr viel weißer erscheint, und ebenso umgekehrt das Schwarze neben dem Weißen* (1 M 2,10). Je näher wir Gott sind, desto deutlicher wird uns der Unterschied zwischen Gott und uns. Im Licht Gottes wird uns bewusst, wer wir sind ... Diese Erkenntnis zeigt uns die Größe eines Gottes, der sich von unserer Schwachheit nicht enttäuschen lässt und unsere Freundschaft sucht.

Der Fortschritt auf dem Weg des Gebetes bedeutet ja in der Erkenntnis beider Wahrheiten zu wachsen, schreibt die Mystikerin: wer Gott ist und wer ich bin.

- Einsamkeit:

Man kann eine persönliche Beziehung nicht zwischen Tür und Angel aufbauen. Mitten im Trubel der Beschäftigungen ist die Begegnung nicht leicht, sie fordert vielmehr die Pflege der Einsamkeit; dazu gehören auch Schweigen und Stille. Geschwätzigkeit führt zu Oberflächlichkeit und hindert uns daran, in die Tiefe zu gehen. *Für das Gebet ist es sehr wichtig, sich an Einsamkeit zu gewöhnen* (C 4,9).

Sehr klug wird hier von Gewöhnung gesprochen. Manche Menschen vertragen die Einsamkeit und die Stille nicht, solche Momente sind ihnen unheimlich. Sich daran zu gewöhnen setzt Übung und kleine Schritte voraus.

Im Verlauf des Weges wird dem Menschen bewusst, dass die Suche nach Einsamkeit der Rahmen ist, den zu finden, der in uns wohnt.

Eine wichtige Unterstützung auf dem Weg zur Einsamkeit sind der Friede und die Ordnung. Die Begegnung mit Gott geschieht im tiefsten Herzen, deswegen ist es wichtig, dass das Herz des Menschen ein Ort des Friedens ist. Ungelöste und ungeordnete Situationen, Verletzungen und Ängste können die Begegnung mit dem Herrn sehr erschweren bzw. unmöglich machen. *Denn um diesen Weg zu gehen, über den wir zu sprechen begonnen haben, muss in der Seele vor allem Friede und Ruhe herrschen* (C 20,5).

- Klugheit:

Es mag befremdend klingen, aber auch ein Zuviel des Guten kann schaden. Einseitige Übertreibungen führen zur Unordnung, auch wenn sie unter dem Deckmantel von

Eifer auftreten. Mit dem Bericht eines konkreten Ereignisses erinnert Teresa an die Früchte, die von Gott stammen und unsere Sehnsüchte – mögen sie auch fromm ausschauen – prägen sollen: Einsicht, Unterscheidung der Geister und Maßhalten.

Wäre das Verlangen wirklich von Gott gekommen, hätte es ihm mit Sicherheit nicht geschadet; denn ein solches Verlangen bringt Einsicht, Unterscheidungsvermögen und Maßhalten mit sich. Das ist klar. ... So muss man zum Beispiel die Zeit des Gebetes, so viel Freude man daran auch haben mag, kürzen, wenn man merkt, dass man körperlich erschöpft ist oder Kopfschmerzen hat. Bei allem ist Klugheit überaus notwendig (C 19,13).

Übertreibungen sind nicht zielführend. Die Begegnung mit den Texten der großen Mystikerin ist eine Einladung, Gott zu danken, weil er uns diese Frau geschenkt hat.

In einer Zeit, in der die Multiplizierung von Gebetsübungen so oft betont wird, fordert sie uns auf, in bestimmten Situationen, wenn die Klugheit es gebietet, die Zeit des Gebetes zu verkürzen. Um das richtig zu verstehen, ist es sinnvoll, zwischen Zeit für das Gebet und Liebe zu Gott zu unterscheiden. Nicht die Liebe zu Gott soll man einschränken, sondern die Zeit für das Gebet; zu lange im Gebet zu verweilen kann ja unter Umständen für manche Personen nicht günstig sein.

In der Autobiographie kritisiert Teresa das Verhalten eines Menschen aufgrund der unklugen Ratschläge eines Beichtvaters: *Handelt es sich um eine verheiratete Frau, wird er ihr sagen, auch wenn sie ihren Mann damit verärgert, dass es besser sei, im inneren Beten zu verweilen, wo sie doch ihren Haushalt besorgen sollte* (V 13,17).

Die Liebe zu Gott kann und soll sich ja auch außerhalb der Zeit des Gebetes, außerhalb der Kirche zeigen.

- Zeit:

Eine persönliche oder freundschaftliche Beziehung ist ohne Kontakt unmöglich; wenn dieser physisch nicht möglich ist, dann wenigstens in Gedanken. Dies verlangt Zeit füreinander. *Überlassen wir Ihm doch das bisschen Zeit, das Ihm zu schenken wir uns entschlossen haben! Es ist sehr wenig im Vergleich zu der Zeit, die wir für uns selbst und für andere, die uns keinen Dank dafür wissen, vergeuden. Wenn wir dem Herrn also diese kurze Zeitspanne schenken wollen, dann tun wir es mit einem freien Geist, der nicht mit anderen Dingen beschäftigt ist!* (C 23,2)

Da wir vielfach unter Zeitmangel leiden, finde ich die Anspielung auf die Zeit, die wir Menschen oder Hobbys zur Verfügung stellen, sehr zielführend. Es wäre hilfreich zu überlegen, wie viel Zeit wir Gott zur Verfügung stellen im Vergleich zu der Zeit, die wir allein oder mit anderen verbringen. Gern nehmen wir uns ja Zeit für Begegnungen mit Menschen, die uns etwas bedeuten oder uns Freunde geworden sind.

Ohne dass die Frage direkt gestellt ist, sehen wir uns gefragt, ob Gott für uns nicht mehr Wert hat, ob Gott nicht mehr Aufmerksamkeit und Zeit verdient als diese Menschen, mögen sie uns auch noch so eng in Freundschaft verbunden sein ... Es wäre keine schöne Entdeckung festzustellen, dass wir viel aufmerksamer und viel fröhlicher mit den Menschen reden als mit Gott.

Schon diese ersten Überlegungen zeigen uns, dass das Gebet eine sehr wichtige Angelegenheit im Glaubensleben ist. Es ist nicht verwunderlich, dass es unter Umständen Bemühung und Einsatz, Ausdauer und Mut, Zeit und Vertrauen verlangt.

2.3 Gott führt nicht alle gleich

Im 5. Kapitel des Buches *Klostergründungen* möchte Teresa einige Ratschläge über das Gebet geben, die für tätige Menschen sehr nützlich sein können. Sie tritt nicht auf als unfehlbare Lehrmeisterin, sondern eher bescheiden, auch wenn ihre Aussage klar und kräftig ist: *Weder ist es meine Absicht noch bin ich der Meinung, dass das, was ich hier sagen möchte, so zutreffend ist, dass es als unfehlbare Norm gelten könnte, da es ja viele Wege auf diesem Pfad des Geistes gibt.*

Es gehört zu den Gefahren, denen wir ausgesetzt sind, zu glauben, dass es nur unsere Art zu beten gibt: Was wir erfahren haben und vor allem wie wir es erfahren haben, ist der richtige Weg, natürlich, für alle! Teresa ist anderer Ansicht: ... *Denn so wie es im Himmel viele Wohnungen gibt, gibt es auch viele Wege* (V 13,13).

Zu den Formen, die es im Gebet gibt, gehört etwa die Meditation. Zum Glück ist Gebet nicht eine Konzentrationsübung, denn *nicht alle Menschen sind von Natur aus dafür geeignet – wohl aber sind alle fähig zu lieben ... Für die Seele besteht der Fortschritt ja nicht darin, viel zu denken, sondern viel zu lieben* (F 5,2).

Diese Sätze der großen Meisterin lassen uns an verschiedene Wege und Formen denken, auf denen Gott uns führt, und an das eine Wichtige: Gebet ist Sache der Liebe. Als einmaliges Wesen hat Gott jeden Menschen geschaffen und ihm eine Veranlagung mitgegeben. Manche können sich auf nichts konzentrieren, weil sie einen unsteten Geist haben; die einen sind eher diskursiv veranlagt, während andere eher visuell geprägt sind.

Diese Verschiedenheit wirkt sich aus in der Konkretisierung der Gebetsformen, die wir pflegen. Das Wichtigste ist die Begegnung, daher wollen wir die Form suchen, die uns möglich ist und hilft. *Also inneres Gebet, meine Schwestern! Und wer dies nicht kann, der bete mündlich und lese und unterhalte sich mit Gott, wie ich weiter unten noch sagen werde. Unterlasst jedoch keine der Gebetsstunden!* (C 18,4)

Interessant ist diese Aussage für Ordenspersonen, für die die meditative Form des Betens – vom Gesetz vorgeschrieben – einen fixen Platz in der Tagesordnung einnimmt.

Die Form darf nicht die Begegnung mit dem Herrn erschweren oder unmöglich machen. Wenn die eine Form uns nicht möglich ist, versuchen wir es anders. Wir unterlassen nicht das Gebet, bloß weil die Form uns nicht anspricht.

Für Teresa ist klar: Die Gebetsübungen können eine Beziehung ausdrücken, sie vertiefen und wachsen lassen, das Entscheidende ist aber das Leben, das durch die Beziehung zu Gott christliche Inhalte bekommt. Die Formen stehen im Dienste des Lebens mit und aus Gott.

3. Kapitel

Der Rahmen des Gebetes

Das Anliegen der hl. Teresa ist nicht primär die fehlerlose Verrichtung der Übungen, sondern das Wachstum und die Entfaltung des Beters, sodass er in der Lage ist, eine freundschaftliche Beziehung zu Gott aufzubauen.

Dieser Akzent zeigt einige Prioritäten:
die Erneuerung des Menschen,
die Verwandlung seines Herzens,
die Bereitschaft, sich dem Herrn anzupassen, auf den er sich in Freundschaft einlassen will.

Oft haben wir vom Gebet gesprochen, als handle es sich um etwas Selbstverständliches, das jeder Christ, der zu den Guten gehören will, absolvieren muss. Wir dachten dabei an Gebetsübungen ...

Handelt es sich beim Beten wirklich um Übungen?

Religiöse Übungen können eine Beziehung zu Gott und ihre Lebendigkeit ausdrücken, nie aber die Beziehung ersetzen. Wenn wir vom Gebet sprechen, meinen wir etwas Großes, das für uns Menschen möglich ist, weil Gott uns entgegenkommt.

3.1 Entschlossenheit

Wer sich auf Gott einlässt, lässt sich nicht nur auf die Pflege des Gebetes (der Übungen) ein, sondern auf ein Leben in und aus der Beziehung mit Gott. Auf diesem Weg – sowohl im Bereich des Gebetes als auch im Bereich des Alltagslebens – können mit der Zeit eine Anzahl von Schwierigkeiten, Engpässen entstehen.

Lange Zeit war für uns das Gebet eine Notwendigkeit und eine Pflicht. Diese Sichtweise kann uns daran hindern, im Gebet etwas Wertvolles und Erstrebenswertes zu sehen.

Die Gewissheit, dass der Weg des Gebetes eine freundschaftliche Beziehung zu Gott ist, kann nicht verhindern, dass es manche Anstrengungen von uns verlangen kann. Wichtig ist, dass solche Menschen *entschlossen sind, das erwähnte Gut anzustreben und nicht nachzulassen, bis sie dieses Ziel erreicht haben* (V 11,5).

Manche Schritte werden erwartet:

das Gut zu entdecken und als solches zu erkennen,

sich zu entschließen, es zu besitzen,

bereit zu sein, nicht aufzuhören, bis man es erreicht hat. Teresa weiß, wie wichtig eine entschlossene Haltung bei uns Menschen ist. Je größer die Entschlossenheit ist, desto leichter werden wir Schwierigkeiten, die unterwegs auftreten, in Kauf nehmen, ohne den Mut zu verlieren: Müdigkeit, Kritik, Umwege, Fehltritte ... Entschlossenheit befreit nicht von menschlicher Schwachheit oder von Versagen.

Damit verbunden ist der Aufruf zur totalen Hingabe, denn Halbheiten lenken vom Eigentlichen ab: *Da meinen wir, Gott alles hinzugeben, wenn wir Ihm nur den Zins und die Früchte darbringen, die Wurzeln und den Boden aber für uns behalten* (V 11,2). Nein, Gott sucht nicht so sehr die Früchte (viele, gute) unseres Baumes, Gott will den ganzen Baum haben.

Es geht um eine Hingabe aus dem Herzen, indem wir uns den Händen Gottes ganz überlassen. Entschlossenheit beinhaltet also die Entscheidung, sich ganz zu schenken: *Wir gehen so schwer und so zaudernd daran, uns ganz Gott hinzugeben, dass wir deshalb zum Empfang eines so kostbaren Schatzes nie gehörig bereitet sind* (V 11,1). Manchmal fehlt es uns an Mut, uns ganz zu schenken.

Die Forderungen des Gebetes sind die Forderungen einer lebendigen Freundschaft. Es lohnt sich, den Weg zu beginnen. *Es ist sehr wichtig, ja alles hängt davon ab, mit ganz fest entschlossener Entschlossenheit zu beginnen, nicht stehen zu bleiben, ehe man das Ziel erreicht hat, geschehe oder begegne uns, was da wolle ...* (C 21,2).

Entschlossen beginnen,
den Weg mutig fortsetzen
und überwinden, was uns auf dem Weg hinderlich wird.

Lieber sterben als unterwegs aufgeben. Mit dieser „grenzenlosen Entschiedenheit" sollen wir jene Schwierigkeiten überwinden, die vor uns auftauchen können:

- Aus dem Inneren kommen gewisse Gedanken hoch, etwa aufgrund von Versagen oder von Schwachheit. Es ist notwendig, nicht um sich selbst zu kreisen, wenn man versagt ... es wäre sonst verletzter Stolz.
- Von außen können Angst und Schwierigkeiten auf uns zukommen, Kommentare, Reaktionen der Mitmenschen, Unsicherheit vor weiteren Schritten ...

In ihrer Argumentation betont Teresa drei Gründe für die bedingungslose Entschlossenheit:

- Wenn wir bedenken, was Gott uns schenkt und wie Er uns liebt, dann ist die totale und endgültige Hingabe des Menschen die adäquate Antwort auf Gottes Schritte. Es ist doch Mangel an Liebe, etwas mit Bedingungen zu geben bzw. etwas nur auf Zeit zu leihen.
- Das Verhalten des Teufels ist in den Augen Teresas ein weiterer Grund für diese kompromisslose Haltung: Während der Teufel wächst und mächtig wird, wenn er ängstliche Menschen sieht, wird er feig und ängstlich, wenn er entschlossene Menschen vor sich hat. ...

Entschlossene Menschen fürchtet er sehr; denn er weiß aus Erfahrung, dass sie ihm großen Schaden zufügen ... und er den Verlust einstecken muss (C 23,4). Da wir aber mit einem hinterlistigen Feind zu tun haben, ist Wachsamkeit sehr angebracht.

- Teresa legt viel Wert darauf, dass die Menschen, die mit ihr den Weg gehen, mutige Menschen sind, bereit zu kämpfen und vieles auf sich zu nehmen. Es ist klar: Wer entschlossen ist, kämpft mit mehr Mut und Zuversicht ... – ohne dabei zu vergessen, dass wir immer mit dem Beistand Gottes rechnen können.

Die Entschlossenheit ist ein Schutz gegen die Beeinflussung durch die eigene Gebrechlichkeit, die Angst und die Meinung der Leute.

Im Zusammenhang mit dieser Entschlossenheit sehen wir einen weiteren Schritt, der in der Bereitschaft besteht, das zu erfüllen, was Gott von uns erwartet. Wünschenswert wäre allerdings eine lückenlose Erfüllung. *Unser ganzes Heil besteht darin, wahrhaft zu erkennen, wie wir das Gesetz vollkommen erfüllen können. Dies ist eine solide Grundlage für das Gebet. Ohne dieses feste Fundament hat der ganze Bau keinen Halt* (C 5,4).

3.2 Miteinander

Unsere Bemühung ist wichtig, doch sie hat Grenzen. Mehrere Bilder sind es, mit denen Teresa den Weg des Gebetes zu erklären versucht:

In der *Seelenburg* spricht sie von mehreren Wohnungen, durch die wir wandern, bevor wir die schönste finden, in der Gott wohnt.

Die Sehnsucht nach dieser schönsten Wohnung muss jedoch stärker sein als die Anziehungskraft der anderen Wohnungen und die Müdigkeit unterwegs.

Wer sich in einer Wohnung endgültig niederlässt, wird die schönste nicht erreichen.

Dieser Vergleich mit der Burg beinhaltet eine klare Botschaft: Hindernisse entstehen nicht nur durch Negatives, Positives kann ebenso zum Hindernis werden. Auch wenn Schönes uns fasziniert, bleiben wir unterwegs nicht stehen, bis wir die Wohnung, in der Gott wohnt, erreicht haben.

Ein weiterer Vergleich aus Teresas Autobiographie macht uns auf andere Aspekte aufmerksam. Mit dem Bild eines Gartens, den der Herr in uns anlegt, werden verschiedene Arten, die Blumen zu bewässern, erklärt: *Meines Erachtens kann die Bewässerung des Gartens auf vierfache Weise geschehen.*

> *(1) Entweder schöpft man das Wasser mit großer Mühe aus einem Brunnen; oder*
> *(2) man schöpft es, wie ich es selbst schon öfter getan habe, mit geringerer Mühe und in größerer Menge mittels eines mit Schöpfgefäßen versehenen Rades, das man dreht; oder*
> *(3) man leitet das Wasser aus einem Fluss oder einem Bach in den Garten, was noch besser ist, weil die Erde dadurch mehr befeuchtet wird, das Gießen nicht so oft notwendig ist und somit der Gärtner weniger Mühe aufzuwenden hat; oder*
> *(4) die Bewässerung des Gartens geschieht durch einen ergiebigen Regen, wenn nämlich der Herr selbst ohne irgendeine Bemühung von unserer Seite den Garten mit Wasser tränkt. Die letzte Art ist unvergleichlich besser als alle vorher genannten* (V 11,6-8).

Zwei Akzente werden hier vor allem gesetzt:
Auf der einen Seite hören wir von Gott und Seiner Aktion. Er bereitet den Boden, jätet das Unkraut und setzt die Pflanzen ein;
auf der anderen Seite aber ist die Person, die sich um die Bewässerung des Gartens bemüht und die Arbeit auf sich nimmt.

Eine genaue Lektüre führt uns eine progressive Änderung vor Augen: In den zwei ersten Schritten oder Formen ist es vor allem der Mensch, der am Werk ist, in den zwei letzten aber ist in erster Linie Gott der Wirkende.

Parallel dazu sehen wir eine Richtung. Je tiefer die Beziehung zu Gott ist, desto mehr Spielraum muss der Mensch Gott geben. Gott handelt, Gott beschenkt den Menschen, der Mensch seinerseits wird für Gott resonant.

Der Weg des Gebetes – Leben als Ausdruck einer freundschaftlichen Beziehung – ist nicht nur Werk des Menschen, sondern auch Werk Gottes. Diese Beziehung verlangt vom Menschen Schritte, zugleich muss aber auch gesehen werden, dass Gott mitwirkt; für den Menschen ist es wichtig zu lernen, im richtigen Augenblick die Schritte zu setzen, die denen Gottes entsprechen.

3.3 Praktische Ratschläge

Als Ausgangsposition für diesen Weg mit Gott gilt nicht Vorsicht und Angst, sondern Zuversicht, aus der Überzeugung heraus, dass wir unterwegs mit Gottes Gnade und unserer eigenen Bemühung rechnen können:

nicht nur unser Können und unser Wollen,
nicht nur unsere Bildung und unsere Kraft,
sondern auch das Wirken und Wollen Gottes.

Ja, wir können Schritte wagen und mit Offenheit und Zuversicht nach vorne schauen, denn es ist sehr wichtig, *den frommen Wünschen, die in uns immer wieder hochkommen, keine Grenzen zu setzen* (V 13,2).

Auf der anderen Seite aber *muss man sich auf dieser ersten Stufe immerhin noch mäßigen und an die Regeln der Klugheit sowie an das Gutachten des geistlichen Führers halten* (V 13,3). Zwischen beiden Texten hören wir eine feine Unterscheidung, die jede Einseitigkeit verhindert: Mut gepaart mit Klugheit, Vertrauen ohne Vermessenheit. Um der Gefahr einer Übertreibung auszuweichen, wäre die Hilfe eines geistlichen Begleiters sehr sinnvoll, vorausgesetzt, dass dieser Mensch gewisse Fähigkeiten mitbringt, von denen Teresa ausführlich berichtet.

Übertreibungen können allerdings nicht nur von zu viel Mut, sondern auch von falscher Demut herrühren: *Der böse Feind lässt es uns nämlich als Stolz erscheinen, hohe Wünsche zu haben, die Heiligen nachahmen zu wollen und Verlangen nach dem Martyrium zu tragen* (V 13,4).

Eine falsche Auffassung von Demut kann den Fortschritt verhindern und uns dazu führen, am Boden zu kriechen und keine Schritte zu wagen. Wir übersehen dabei, dass die Kraft dazu nicht nur von uns kommt, Gott ist am Werk.

4. Kapitel

Der Weg des Gebetes

Wohl sehe ich ein, dass es nichts gibt auf Erden, womit dieser große Schatz erkauft werden könnte (V 11,2).

Das Gebet ist nicht so sehr eine Pflicht, sondern vielmehr ein Schatz, den wir nicht zu erkaufen brauchen, da Gott ihn uns schenken will.

Für uns ist die innere Bereitschaft wichtig,
uns auf Gott einzulassen,
die Gabe anzunehmen
und mit ihr richtig umzugehen.

Viele Bilder sind es, die von einer Entwicklung auf dem Weg sprechen. In einigen Texten berücksichtigt Teresa die Anfänger und denkt in anderen an Fortgeschrittene auf dem Weg: Wir lesen von Vögeln, die noch im Nest sitzen, weil ihre Federn nicht gewachsen sind, und von jenen, die bereits fliegen: *... dass sie (einem jungen Vöglein gleich) noch zu schwach befiedert ist* (V 19,12).

Der Vergleich mit der Seidenraupe berichtet von verschiedenen Stufen der Verwandlung und die vier Bewässerungsarten führen uns eine sich vereinfachende Entwicklung vor Augen ...

4.1 Schachmatt

Mit einem Hinweis auf das Schachspiel (C 4,2) beschreibt Teresa das Umfeld des Gebetes und den Umfang unserer asketischen Bemühung. Die Figuren sollen auf ihrem Platz stehen, um spielen zu können.

Wer den Weg des Gebetes gehen will, wird vorher darauf schauen, dass sein Leben, die Bereiche seines Lebens in einer gewissen Ordnung sind. So verstanden kann das Gebet eine anstrengende Aufgabe im Leben der Christen sein, die den Mut voraussetzt, aufrichtig und kompromisslos die Freundschaft zu leben.

Die Begegnung mit dem Vergleich „Schachspiel“ lässt uns zwei Aspekte unterstreichen:

Gewisse psychologische Voraussetzungen, die heute sehr betont werden, können die Übung des Gebetes erleichtern, denken wir an die Sammlung, die Konzentration, die Versöhnung mit der Vergangenheit etwa.

Das Anliegen Teresas ist aber ein klares: Sie legt nicht so sehr Wert auf Menschen, die Gebete verrichten, sondern auf betende Menschen, d.h. Menschen, die ihren Alltag entsprechend den Forderungen einer freundschaftlichen Beziehung zu Gott gestalten.

Die Momente des Gebetes haben die Kraft, Situationen des Alltags zu prägen. Die Schritte, Aufgaben und Dienste meines Lebens geben meinen Gebetsübungen Halt und schaffen den günstigen Rahmen für ein Leben aus dem Glauben.

Ein weiterer Aspekt ist die Empfehlung, dass die Schachfiguren auf ihrem Feld stehen sollen; dies setzt allerdings nicht vollkommene und fehlerlose Menschen voraus, sondern Menschen, die bereit sind, Gott in den Mittelpunkt ihres Lebens zu stellen.

In der Autobiographie schreibt Teresa – als Frucht ihrer eigenen Erfahrung mit einem Gott, der lange Zeit auf sie gewartet hat: *Ich schreibe dies zum Trost für jene Seelen, die schwach sind gleich mir, damit sie niemals verzweifeln und nie vom Vertrauen auf Gottes große Barmherzigkeit ablassen. Sind sie auch, nachdem der Herr sie auf eine so hohe Stufe erhoben, gefallen, so dürfen sie doch nicht verzagen, wollen sie nicht ganz zugrunde gehen* (V 19,2).

4.2 Verkürzungen

Es ist keine Seltenheit, in religiösen Kreisen vom Gebet zu hören, doch nicht jeder meint mit diesem Wort das Gleiche. Einseitige Betonungen können zur Verkürzung des Gebetes führen.

Einige von diesen Verkürzungen, die sowohl zur Zeit der hl. Teresa als auch in unseren Tagen häufig auftreten, wollen wir kurz erklären und besprechen.

- Konzentration:

Wir kennen Menschen, die meinen, das Gebet bestehe darin, ungestört zu sein und in aller Ruhe manches zu überlegen. Teresa kennt diese einseitige Richtung, deswegen bemerkt sie: *Das Gebet besteht nicht darin, viel zu denken, sondern viel zu lieben.*

In den letzten Jahren konnten wir den Eindruck gewinnen, dass viele unter Gebet eine Konzentrationsübung verstehen. Wenn es ihnen gelingt, ihre Gedanken in den Griff zu bekommen, glauben sie, gute Beter zu sein. *Ich habe ja Menschen getroffen, die der Meinung sind, das Denken allein genüge. Wenn sie ihre Gedanken lange bei Gott haben – auch wenn dies eine große Anstrengung bedeutet –, glauben sie, religiös zu sein. Wenn sie aber nicht mehr können und ihre Gedanken sich daher zerstreuen – auch wenn es um gute Dinge geht –, sind sie sehr betrübt und halten sich für verloren* (F 5,2).

Zwei Akzente werden in diesem Text gesetzt:

Die Gedanken während der Gebetszeit zu sammeln, auch wenn das große Selbstbeherrschung verlangt, ist mit gutem Gebet nicht gleichzusetzen; Zerstreuung in der Gebetszeit bedeutet noch nicht verlorene Zeit ...

Das Ziel der Gebetszeiten ist nicht, eine Superleistung an Konzentration zu erreichen, sondern einen Rahmen für die Begegnung mit Gott zu schaffen.

In der *Seelenburg* karikiert die Heilige die übertriebene Betonung der äußeren Haltung: *Wenn ich Seelen erblicke, die sich emsig bemühen, das Gebet zu erfassen, die mit niedergeschlagenen Augen und angespanntem Gesicht darin verharren (sodass es scheint, als wagten sie nicht, sich zu rühren oder ihre Gedanken in Bewegung geraten zu lassen, damit ihnen ja kein bisschen Wonne entgehe), so zeigt mir das, wie wenig sie von dem Weg wissen, auf dem man zur Vereinigung gelangt* (5 M 3). Freundschaftliche Begegnung bringt nicht Verkrampfung und ein unbewegtes Gesicht, sondern Freude im Herzen.

- Gefühl:

Die Stille und die Sammlung – es ist eine große Gnade, wenn jemand konzentriert meditieren kann – sind ein guter Boden für das Wachstum der Liebe. Bei manchen Menschen weiß man nicht, ob sie das Gefühl der Nähe Gottes oder die Nähe Gottes suchen. Liebe darf aber mit frommem Gefühl nicht verwechselt werden. *Wie wird man sich nun diese Liebe aneignen? Indem man sich entschließt, für Gott zu handeln und zu leiden, und zwar bei jeder Gelegenheit, die sich uns bietet* (F 5,3).

In diesen Worten sind klare Aussagen enthalten:

Liebe bedeutet sich zu entschließen, für Gott zu arbeiten und zu Gott zu stehen, egal, was es kostet, weil wir Ihm gehören wollen.

Nach den Worten Teresas können die Erinnerung an die Taten des Herrn und das Nachdenken darüber mir Kraft geben, mich in jeder Situation zu Ihm zu bekennen; das Vorbild des Herrn erzieht mich zur Selbstlosigkeit.

Ich zweifle nicht an der Richtigkeit der Worte der großen Mystikerin, kenne aber trotzdem viele Menschen, die am liebsten lange Zeit versunken im Gebet verbringen würden, in der Meinung, es gehe darum, ungestört die Nähe des Herrn zu genießen.

In der Theorie ist uns manches klar, in der Praxis aber bleiben wir lieber bei jener Auffassung, die uns besser gefällt. Woher kommt diese Verschiebung?

Teresa macht sich weitere Gedanken zu dieser Frage und betont dabei Folgendes: *Wenn dies also die Wahrheit ist* – wir können Gott erfahren in der Zeit des Gebetes und in der Zeit des Dienstes –, *woher rührt dann der Verdruss, den die meisten Menschen darüber empfinden, dass sie nicht einen großen Teil des Tages allein und in Gott versunken sind – selbst wenn sie sich mit diesen anderen Dingen beschäftigen? Meiner Meinung nach gibt es dafür zwei Gründe: Der erste und wichtigste ist eine sehr feine Eigenliebe, die sich hier einmischt und uns nicht erkennen lässt, dass wir eher uns selbst zufrieden stellen wollen als Gott* (F 5,4). Die Erklärung hier ist anschaulich. Anscheinend mischt sich in solchen Momenten eine feine Eigenliebe ein, die unseren Blick trübt. Dadurch kreist nämlich unser Gebet um uns selbst, um das Gefühl, das wir beim Beten haben, und nicht so sehr um Gott.

Solche Menschen dürften etwas übersehen. Das Wichtigste ist nicht das Gefühl, sondern das Leben mit und aus Gott. Dies kann sich ausdrücken in Zeiten des Gebetes und in Zeiten des Dienstes. *Glaubt mir, nicht von der Länge der Zeit des Gebetes hängt es ab, ob die Seele voranschreitet. Verwendet man diese Zeit ebenso gut für Werke, dann ist das eine große Hilfe, damit die Seele in einem sehr kurzen Zeitraum bereitet wird, in Liebe zu entflammen, und zwar eher als in vielen Stunden der Betrachtung* (F 5,17).

Zwischen den Zeilen wird hier die Frage gestellt:
Was suchst du, wenn du betest,
was suchst du, wenn du tätig bist?

- Verschiebung:

Öfters erwähnt Teresa Fehlhaltungen, die aus Verkürzungen entstehen. Wir wollen das Leben aus der Verbindung mit Gott gestalten. Eine solche Verbindung entsteht aber nicht nur, wenn wir *in der Einsamkeit an Ihn denken und uns über das freuen, was Er uns schenkt*, sondern auch wenn wir Werke tun, die unsere Aufgaben oder den Nutzen der Mitmenschen betreffen.

Binden wir Gott nicht die Hände, wenn wir glauben, Er könne uns nur in der Zeit des Gebetes helfen oder begegnen? Für Gott ist jeder Ort und jede Zeit günstig, uns Seine Gnade zu schenken, vorausgesetzt, dass wir Seine Ehre suchen und Ihm in den Mitmenschen selbstlos dienen. *Nun denn, meine Töchter, seid nicht betrübt; wenn der Gehorsam euch zur Beschäftigung mit äußerlichen Dingen bestimmt, so denkt daran, dass, wenn ihr in der Küche arbeitet, der Herr sich zwischen den Kochtöpfen befindet und euch innerlich und äußerlich beisteht* (F 5,8).

4.3 Begleitung

Für jeden, der einen Weg zu gehen beginnt, ist es – abgesehen von der Intensität seiner Begeisterung – wichtig zu wissen, was ihm hilft, Schritte zu setzen. Wer sich auf eine persönliche Beziehung zu Gott einlässt, braucht vor allem zu Beginn einen Begleiter, der Gebetserfahrung hat.

Die geistliche Begleitung spielt im Leben der hl. Teresa eine große Rolle, da sie immer wieder den Rat einer geistlichen Person als Hilfe gesucht hat – sowohl für ihr Gebetsleben als auch für ihre vielfältigen Aufgaben als Gründerin von Klöstern. Die Begleitung kann Bestätigung, Klärung oder Korrektur bedeuten.

Aus ihrer reichen Erfahrung unterstreicht Teresa unterschiedliche Akzente bei Menschen, die sich am Anfang des Weges befinden, und bei jenen, die bereits manches durchwandert haben: *Ich meine nur, dass an den Anfängen theologische Bildung wenig nützt, wenn sie kein inneres Beten halten. Ich will nicht sagen, dass sie sich mit Studierten nicht besprechen sollten, denn einen Geist, der sich nicht von Anfang an auf die Wahrheit stützt, hätte ich lieber ohne inneres Beten* (V 13,16).

Ein religiös erfahrener Mensch wird den Beter weder einengen noch auf eine einzige Form des Gebetes fixieren. Aus Erfahrung wird er wissen, wie zahlreich und verschieden die Wege Gottes sind.

Teresa bevorzugt Begleiter, die Erfahrung haben und theologisch kenntnisreich sind – sie warnt vor naiven oder nicht klugen. Kräftig in der Aussage ist auch der Satz: Einen Menschen, der nicht auf der Basis der Wahrheit betet, *hätte ich lieber ohne inneres Beten.*

Folgender Text gibt zwei Situationen wieder, die auch heute oft vorkommen: ... *Da beginnt eine Schwester, inneres Beten zu halten. Wenn sie von einem Einfältigen geführt wird und dieser sich das so einbildet, wird er ihr zu verstehen geben, dass sie besser ihm als ihrem Oberen gehorchen soll, und das ohne Böswilligkeit seinerseits, sondern in der Meinung, dass er es recht macht. Wenn er nämlich kein Ordensmann ist, mag er meinen, es gehöre sich so. Handelt es sich um eine verheiratete Frau, wird er ihr sagen, auch wenn sie ihren Mann damit verärgert, dass es besser sei, im inneren Beten zu verweilen, wo sie doch ihren Haushalt besorgen sollte. So versteht er es nicht, die Zeit so einzuteilen oder die Dinge so zu ordnen, dass sie der wahren Sachlage entsprechen* (V 13,17).

Es ist sehr wichtig, dass der Begleiter klug, intelligent und erfahren ist, wenn er uns helfen soll.

Eine Naturbeobachtung dient Teresa als Rahmen, um zu beschreiben, wie eine gute Begleitung aussehen soll.

Wir brauchen Menschen, die uns das Fliegen beibringen: *Wenn wir sehen, dass manche Dinge, die uns unmöglich erscheinen, anderen sehr wohl möglich sind; wenn wir gewahren, wie leicht und gelassen diese es vollbringen, so ermuntert uns das sehr und es ist, als ob wir, wenn wir sie fliegen sehen, selber zu fliegen wagten, genau wie Vogelkinder, die das Fliegen lernen. Können sie sich auch nicht gleich in die Weite schwingen, so ahmen sie doch ganz allmählich ihre Eltern nach. Das ist eine große Hilfe; ich habe es selbst erfahren* (3 M 2,12).

Die Begegnung mit Menschen, die bereits seit längerer Zeit den gleichen Weg gehen, kann uns Ansporn und Ermutigung sein. An ihnen sehen wir, dass gewisse Schritte möglich sind; doch was andere tun und im Religiösen fertigbringen, ist nicht der Maßstab für meine Schritte.

5. Kapitel

Schritte auf dem Weg

Auf diesem Weg muss man in innerer Freiheit wandeln, ausgeliefert den Händen Gottes (V 22,12).

Es handelt sich um eine innere Haltung, die mich fähig macht, das Verhalten Gottes in meiner Gebetsbeziehung anzunehmen: sowohl wenn Er mich verwöhnt, mir einen wichtigen Posten gibt als auch wenn Er mich übersieht. Dieses Sich-Ausliefern stammt aus der Überzeugung, dass Er mich besser kennt als ich mich selbst und mich auf Wegen führt, die für mich richtig sind, auch wenn ich nicht alles verstehe.

Freundschaftliche Beziehung wächst auf der Basis des gegenseitigen Vertrauens. Für uns ist wichtig jene Liebe anzunehmen, die von Ihm ausgeht.

5.1 Wir beginnen

Wer einen Weg gehen will, überlegt das Ziel, das er anstrebt, die Strapazen, die er auf dem Weg in Kauf nehmen soll, und seine eigene physische Kondition, um den Weg bewältigen zu können.

Diese aus dem täglichen Leben stammenden Gedanken dürfen auch beim Versuch, den Weg des Gebetes zu bewältigen, nicht übersehen werden.

Die Heilige will die psychologische Wirkung der spürbaren Nähe Gottes nicht negieren, sie wünscht sich vielmehr, dass der Beter sich von seinen Gefühlen nicht derart abhängig macht, dass er beim Gebet nur solche sucht.

Der Alltag wird uns mit zahlreichen Situationen konfrontieren, die unserer Entscheidung – die Beziehung zu Gott zu pflegen – sehr zusetzen werden:

Versagen unsererseits,

Situationen der Verlassenheit, Enttäuschung ...

Teresa ist sich dessen bewusst, Redereien und Kommentare der Menschen können uns zusetzen: *Dieser Weg ist gefährlich; jene ist auf ihm ins Verderben geraten; der da ist in die Irre geführt worden; der immer so viel betete, ist doch gefallen; das ist nichts für Frauen, sie können einer Täuschung verfallen; das Vaterunser und das Gegrüßet-seist-du-Maria sind genug für sie* (C 21,2).

Vielleicht ist der größte Feind aber in uns. Unser Versagen verletzt unseren Stolz, lässt uns an unserer

Hingabe zweifeln und führt uns zur Aufgabe des Weges.

Nach Ansicht der großen Mystikerin dürfen wir uns von diesem Feind nicht besiegen lassen. Alle Argumente, die in uns hochkommen, sind nicht stichhaltig, denn nicht aufgrund unseres Gutseins, sondern aufgrund des Gutseins Gottes dürfen wir den Weg gehen.

5.2 Wachstum

Eine lebendige Beziehung wächst und durchdringt mehrere Bereiche, die dazugehören wie die Teile eines Puzzles: Das Kennenlernen führt nicht nur zu einem umfangreichen Wissen, sondern vor allem zu einem Verstehen des Verhaltens des anderen. Das Vertrauen ermöglicht immer mehr Schritte auf den anderen zu, dadurch wird der Umgang miteinander tiefer und wesentlicher.

Wachstum setzt Geduld voraus.

Mit sehr anschaulichen Bildern werden wir auf die Notwendigkeit der Geduld hingewiesen. Religiöse Weltrekorde, die andere anscheinend fertigbringen, sind nicht der Maßstab für meine Schritte.

Fliegen gehört zum Leben eines Vogels, doch zu Beginn ist Klugheit gefragt. Ein zu schneller Versuch, das Nest zu verlassen, kann tödlich enden, weil man noch nicht in der Lage ist zu fliegen, wenn die Federn noch nicht ausgewachsen sind. Die religiöse Entwicklung, das gewonnene Vertrauen, die Glaubenswurzeln und die Hingabefähigkeit müssen berücksichtigt werden.

Wachstum heißt Vereinfachung.

In der *Seelenburg* wird ein weiteres Bild angedeutet,

das sehr hilfreich sein kann. Gebet wird mit der Verständigung zwischen den Menschen verglichen.

Wer den Weg des Gebetes beginnt, ist wie ein Taubstummer, mit dem die Möglichkeiten der Verständigung sehr eingeschränkt sind: Er hört uns nicht und er antwortet nur mit Zeichen ... es gelingt uns nicht immer, die Zeichen zu verstehen.

Etwas einfacher ist die Begegnung mit einem Stummen – er hört uns, auch wenn seine Antworten nur aus Zeichen und Gesten bestehen, die wir nicht immer ganz richtig interpretieren.

Die Verständigung wird aber leicht, wenn der Gesprächspartner in der Lage ist sich zu artikulieren, sodass man Frage und Antwort, Gedanken und Wünsche miteinander austauschen kann.

Auf diesem Weg der Vereinfachung in der Verständigung erwähnt Teresa weitere Schritte: Sie weiß von Menschen, die einander so gut kennen, dass sie jeden Wink verstehen oder ein Blick bei ihnen alles sagt.

Wachstum in der Beziehung bedeutet Änderung der Blickrichtung, auf den anderen hin schauen!

5.3 Haltungen beim Gebet

Ohne dass die hl. Teresa die Absicht hatte, uns exakte Definitionen zu hinterlassen, entdecken wir in ihren Schriften doch Texte, mit denen sie das Gebet beschreibt.

In ihrer Autobiographie lesen wir: *Gebet ist meiner Meinung nach nichts anderes als ein freundschaftliches Treffen, indem wir oft und allein mit dem zusammenkommen, von dem wir wissen, dass Er uns liebt* (V 8,5)

In der *Seelenburg* wagt sie, indem sie die Vereinfachung in der Beziehung unterstreicht, eine sehr gelungene Beschreibung: *Beten bedeutet diesen liebevollen Blick erwidern.*

In beiden Texten spricht sie von Freundschaft, vom liebevollen Blick, von einer Kraft, die uns zu dem Anderen führt ... Das Gebet ist nichts anderes als ein Treffen, eine Begegnung in und aus Freundschaft.

Die Freundschaft bringt vieles in Bewegung,
sie braucht Zeit, um zu wachsen,
sie sucht immer wieder den Kontakt miteinander,
ein inneres Bedürfnis öffnet uns füreinander.

Eine freundschaftliche Beziehung verträgt nicht immer Zuschauer, sie liebt vielmehr die Zweisamkeit und in ihren Ausdrucksformen wird sie immer einfacher ...

Sie baut auf Vertrauen.

Vertrauen

Die Gewissheit der eigenen Unzulänglichkeit ist kein Hindernis für einen vertrauensvollen Umgang mit Gott. Er ist so groß, dass Er in der Lage ist, sich klein zu machen:

Er hat mit uns Verständnis,
Er lässt zu, dass wir zu Ihm kommen,
Er hat ein offenes Ohr für uns:

Die Demut dieses Königs ist allerdings so groß, dass Er mich, obwohl ich in meiner Unwissenheit nicht in der rechten Weise mit Ihm zu reden verstehe, dennoch anhört und mich nicht daran hindert, mich Ihm zu nahen (C 22,4). Wie tröstlich sind diese Sätze! Gott hört nicht nur auf die Worte, die die Menschen beim Gebet machen, Er sieht das Herz, das diese formuliert; Er sieht, wie stark sich das Herz dabei engagiert ... Mit Worten allein – auch mit ganz fromm klingenden oder theologisch exakt formulierten Begriffen – können wir das Herz Gottes nicht erreichen.

Tröstlich ist dies auch für jene Menschen, die unter der Knappheit ihrer Worte leiden, die es ihnen kaum zu formulieren gelingt, während ihr Herz vor Sehnsucht nach Gott brennt ... *Denn die Engel, die Ihn umgeben, kennen genau die Gesinnung ihres Königs und wissen, dass Ihm die Einfalt eines demütigen kleinen Hirten, der, wie der König weiß, gern mehr sagen würde, wenn er nur könnte, besser gefällt als die geschliffensten Redensarten der größten Gelehrten, denen es an Demut fehlt* (C 22,4).

Wer Gottes Gesinnung kennt, weiß doch, dass bei Gott das Herz an erster Stelle steht, erst dann folgen die Worte, Lieder, Gebärden ...

Respekt

Was wir täglich wiederholen, läuft Gefahr, aus Gewohnheit oder – was noch schlimmer ist – unüberlegt verrichtet zu werden. Das Gebet – als Hinwendung zu Gott, der in Seiner Größe ein offenes Herz für uns hat – ist viel zu wichtig, um unüberlegt oder nebenbei verrichtet zu werden.

Solche Haltungen schaffen keine guten Voraussetzungen für das Gebet: *Wenn jemand gewohnt ist, mit der Majestät Gottes so zu reden, als spreche er mit seinem Sklaven, ohne darauf zu schauen, ob er unrecht rede, sondern einfach so daherschwätzt, was ihm in den Mund kommt und was er von früher auswendig weiß, so halte ich das für kein Gebet und Gott verhüte, dass irgendein Christ es dafür halte* (1 M 1,7). Das Gebet ist kein Geschwätz, sondern eine Begegnung mit Gott. Wir können mit Ihm nicht sprechen, als würde es sich um einen Kumpel handeln.

Das Vertrauen zu Gott darf uns nicht zu einer Haltung der Vermessenheit führen. Eine gute Hilfe, um im Umgang mit Gott nicht aus dem Rahmen zu fallen, ist es, sich dessen bewusst zu werden, mit wem wir es zu tun haben. *Wir dürfen uns doch deshalb, weil Er gut ist, nicht ungebührlich benehmen!* (C 22,4)

Nähe und Distanz, Vertrauen und Ehrfurcht sind Haltungen, die wesentlich zu einer gesunden Beziehung gehören. In der Praxis kann es aber zu einer einseitigen Betonung kommen, die sich negativ auswirkt:

Vertrauen allein kann zur plumpen Vertraulichkeit führen, Ehrfurcht allein könnte zu Furcht werden.

Umgangsformen

Die Größe Gottes darf nicht übersehen werden, doch dieser Gott ist Einer, der in Seiner Allmacht den Kontakt mit uns – unvollkommenen Wesen – sucht. Der Große sucht die Nähe des kleinen Menschen, dadurch öffnet Er uns einen Weg zur Begegnung. Aber auch wenn Er sich für uns klein und erreichbar macht, bleibt Er doch der große und heilige Gott. *Ja, mit einem Fürsten dürfen wir auch nicht so leichthin ein Gespräch beginnen wie mit einem Bauern oder einem Armen, wie wir selbst es sind; denn uns gegenüber ist jede Redeweise gut* (C 22,3).

Die Umgangsformen spielen – obwohl sie nicht das Wichtigste in der Begegnung sind – im Leben eine Rolle und dürfen nicht übersehen oder vernachlässigt werden.

Auf der anderen Seite wissen wir aber auch, dass die

Beobachtung der Umgangsformen aus einer pharisäischen Haltung stammen kann.

Teresa von Avila ist sich dieser Spannung bewusst, deswegen macht sie einen Unterschied zwischen Umgangsformen und Umgang: Einhaltung der Umgangsformen allein bedeutet noch nicht Begegnung, Umgang ohne Einhaltung von Umgangsformen kann zu einer peinlichen Situation führen.

Durch die Unterstreichung der Umgangsformen will Teresa jede unpassende Vertraulichkeit verhindern, durch die Betonung des Umgangs aber jede Äußerlichkeit in der Beziehung zu Gott abbauen. *Wollt ihr jedoch mit Gott sprechen, wie es sich für einen so großen Herrn geziemt, müsst ihr wohl bedenken, zu wem ihr redet und wer ihr seid, damit ihr wenigstens die rechte Umgangsform einhaltet* (C 22,1).

Gebet darf nicht so verrichtet werden, als handle es sich um eine Routinesache, die man nebenbei erledigen kann; dazu gehören auch gewisse Ausdrucksformen und das Vermeiden jeder Vermessenheit oder Respektlosigkeit.

Vertrauen darf nicht zur Entartung im Umgang miteinander führen, vielmehr zur Achtung und zum Respekt.

Die Worte Teresas zeigen uns einen gesunden Weg: Wir beachten die Schritte, die Gott auf uns zu macht, ohne dabei zu vergessen, wer wir sind und wer der ist, mit dem wir sprechen.

Bücher, die wir empfehlen

P. Antonio Sagardoy, **Gott hat mich überwältigt.** Die Autobiographie der hl. Teresa von Avila, Verlag Christliche Innerlichkeit, 7. Auflage Wien 2002, 136 S. EUR 7,30 SFR 13,-
Schriften großer Heiliger nehmen manche nur zögernd zur Hand, weil sie meinen, das sei zu „hoch“, zu schwer verständlich. In dieser Auswahl und Übersetzung der Autobiographie fällt der Einstieg in Teresas Schriften leicht. Für alle, die Teresa von Avila nur von einigen bekannten Aussprüchen her kennen, ist dieses Buch eine gute Möglichkeit, sie und ihr Leben näher kennenzulernen.

Teresa von Avila, **Die Klostergründungen.** Verlag Christliche Innerlichkeit, Wien 1998, 323 S. EUR 10,90 SFR 17,30
Menschen, die sich mit diesem interessanten Buch auseinandersetzen, entdecken ganz neue Aspekte dieser großen Frau der Kirche: Vertrauen, Mut zum Wagnis, Hellhörigkeit für Gott, Humor ...
Wir empfehlen die Lektüre dieses Buches, um die große Teresa von Avila besser kennen zu lernen.

P. Antonio Sagardoy, **Neben Dir.** Verlag Christliche Innerlichkeit, Wien 2002, 48 S. EUR 3,65 SFR 7,-
In unseren Tagen wächst die Sehnsucht nach geistlicher Begleitung. Dieses Buch führt uns die Erfahrungen der hl. Teresa vor Augen: die Schwierigkeiten, die sie dabei durchmachte, und die Hilfe, die sie dabei erfuhr. Diese Schrift kann Ermutigung für viele Menschen bedeuten und konkrete Schritte aufzeigen.

Bestellungen:
Verlag Christliche Innerlichkeit
1190 Wien, Silbergasse 35
Tel.: +43 1 320 33 40 Fax: +43 1 328 13 64